Historias de la
BIBLIA
PARA NIÑOS

Escrito por Anne de Graaf
Ilustrado por José Pérez Montero

Editorial Vida

Historias de la Biblia para niños

Edición en idioma español
© 2004 Editorial Vida
Miami, Florida

Publicado en inglés bajo el título:
The Little Children's Bible Storybook
Por Anne de Graaf
Copyright © 2002 Scandinavia Publishing House
Texto copyright © 2002 Anne de Graaf
Ilustraciones copyright © 2002 José Pérez Montero
Traducción: *Mercedes Pérez*
Edición: *Anna M. Sarduy*
Adaptación de diseño interior y cubierta: *Libni F. Cáceres*

ISBN: 0-8297-4371-5
Categoría: Niños

Impreso en China / Printed in China

04 05 06 07 08 09 ❖ 07 06 05 04 03 02 01

¡Dedicado a
TI!

Una nota para los grandes

Historias de la Biblia para niños quizás sea la primera introducción de la Biblia, la Palabra de Dios, para su niño. Este libro le ayudará a ejercitar la mente de su hijo. Señálele cosas y pídale que busque, encuentre, diga y descubra.

Antes de comenzara a leerlo, ore para que Dios toque con su amor el corazón de su niño. También aprenderá cómo sembrar semillas, tener visión, distinguir entre el bien y el mal y a decidirse por creer.

En este libro de ejercicios: alce las manos, guiñe el ojo, salte, gateé o haga cualquiera de las cosas sugeridas en la historia para que este tiempo sea divertido y de acercamiento. Oren juntos después de leer este libro. No hay mejor manera para que los grandes aprendan de los pequeños.

Las palabras en itálicas son expresiones graciosas que dicen los animales para hacer que la historia sea más real y entretenida.

Una nota para los pequeños

Alguien muy especial te dio este libro. Es un libro
especial, y fue dado a alguien aun más especial... a ti.
Puede ser que esta sea tu primera Biblia. La Biblia te
acerca más a Dios. Mucho más… ¿Por qué mucho
más…? Porque Jesús dijo que los pequeños (como tú)
son los que están más cerca de Dios.

Mientras oigas estas historias podrás hacer muchas
cosas divertidas Escucha bien. Tu trabajo es asegurarte
que la persona especial que te esté leyendo esta Biblia
haga todas estas cosas contigo. Después de todo, pueden
cerrar los ojos y darle gracias a Dios porque están
juntos. No hay mejor manera para que los pequeños
aprendan de los grandes.

Contenido

El Antiguo Testamento

El Nuevo Testamento

EL ANTIGUO TESTAMENTO

Dios hace el mundo

Génesis 1

Cierra los ojos.
Aguanta la respiración. Shhhh.

En el principio no había nada...
solo Dios.

Apaga la luz.
Enciende la luz.

Dios tomó la oscuridad y
la cambió… y de repente...
hubo luz.

La luz venía del sol.
Dios hizo la tierra y
la luna, todos los
planetas y las
estrellas.

¿Cuántas estrellas? ¿Una? ¿Dos? ¿Tres? ¿Cuatro? Dios hizo más y más y más y más...

Dios hizo los mares y los
océanos. Él hizo peces, y
más y más y más peces.

Pon tu cara como la de un pez. ¡Whoops! ¡Estabas pidiendo un beso!

Dios hizo la tierra. Él hizo
animales, y más y más y más
animales.

19

Las primeras personas

Génesis 1-3

Dios hizo al mundo.
Entonces él hizo al
primer hombre y lo llamó Adán.
Hizo una ayudadora y amiga para
Adán y la llamó Eva.

Igual como él te hizo a ti, a tus dedos,
a tus pies y a tu sonrisa también.

21

Adán y Eva vivían en un jardín especial llamado Edén. Dios dio una orden: no comer del fruto de un árbol. Dios dijo: «No». La serpiente le dijo a Eva: «Sí».

Eva decidió desobedecer y
Adán también. Esto era malo.

¿Qué órdenes conoces tú?

25

En todo el Edén el amor de Dios se sentía como un abrazo que los esperaba.

Cuando Adán y Eva no escucharon,
tuvieron que irse del Edén. Nunca
más se volverían a sentir tan cerca
de Dios.

Pero Dios siguió amando a Adán
y a Eva. Él siempre ama a pesar
de todo. Dios le dio dos hijos a
Adán y Eva. Cada niño es un
regalo de Dios.

Esto significa que TÚ eres un regalo grande. ¿Para quién?

Noé
y el arca

Génesis 6-8

Hace mucho, mucho,
mucho, mucho
tiempo…, ya nadie le
decía ¡Gracias! A Dios.

Todos escogieron ser malos y esto le dio tristeza a Dios. Pero un hombre era diferente. Su nombre era Noé. Él habló con Dios y escuchó.

Nombra todas las cosas y personas por las cuales puedes decirle ¡Gracias! a Dios.

Dios le dijo a Noé: «Va a haber un gran diluvio. Construye un barco. Construye en barco GRANDE. ¡Construye un barco MUY GRANDE!» El barco de Noé era un arca. Los vecinos de Noé se reían de él. «¡Vivimos en el desierto! ¿Dónde está el agua?»

¿A quién escuchó Noé? ¿A quién tú escuchas ahora?

Dios le dijo que llenara el barco, el barco GRANDE, el barco MUY GRANDE con dos de cada animal. Dios prometió mantener a Noé, a su familia y a los animales seguros dentro del arca.

¿Cuántos diferentes sonidos
de animales puedes hacer?

Entonces empezó a llover, y a llover, y a llover… Llovió cuarenta días y cuarenta noches. ¡Todos esos animales! ¡Todos esos días! ¡Toda esa lluvia!

Cuenta tus dedos de las manos. Cuenta tus dedos de los pies. Hazlo todo de nuevo. Esa es la cantidad de días que llovió y llovió y llovió.

El arca de Noé flotaba más y más alto…
más alto que las montañas. Mientras el
agua cubría la tierra, todos los seres
vivientes de la tierra se ahogaron.

Al fin la lluvia paró.
Entonces Dios mandó un
viento.

*Haz un sonido como
la lluvia. Ahora haz
un sonido como el
viento.*

Noé
y la promesa de Dios

Génesis 8

¡Había agua por todos lados! Noé mandó a un pajarito para que buscara tierra seca.

Noé y los animales que estaban en el arca esperaron y esperaron que bajara el agua.

Después de haber mandado al pájarito, Noé mandó una paloma. ¡DOS VECES!

¿Puedes hacer un sonido como hacen las alas de los pajaritos? ¡Hazlo DOS VECES!

44

La segunda vez, la paloma regresó con una hoja de olivo en su pico. Esto significaba que en alguna parte había lugares suficientemente secos para que crecieran árboles y plantas.

Dios le dijo a Noé: «Tú, tu familia y todos los animales pueden salir del barco. Vayan y construyan sus hogares sobre la tierra».

48

Dios cumplió su promesa. Él
mantuvo a Noé, a su familia y a
todos los animales seguros.

> *Muestra cómo el canguro se bajó del arca. Y las serpientes. ¿Crees que la historia continua?*

Noé
y el regalo de Dios

Génesis 8—9

Noé le dio las gracias a Dios por guardarlos. Entonces Dios le dio un regalo a Noé.

Ve a la próxima página para ver el regalo...

Dios le dio a Noé el regalo de otra promesa.
Dios estaba tan feliz de que Noé le dijera
¡Gracias! que le prometió tres cosas.

Primero, que nunca volvería a inundar
la tierra de nuevo. Segundo, que
siempre habrían estaciones del año.

Después del otoño vendría el invierno y después del invierno vendría la primavera...

...y ¿qué viene después de la primavera?

La tercera parte de la promesa de Dios
fue que después de la noche vendría el
día.

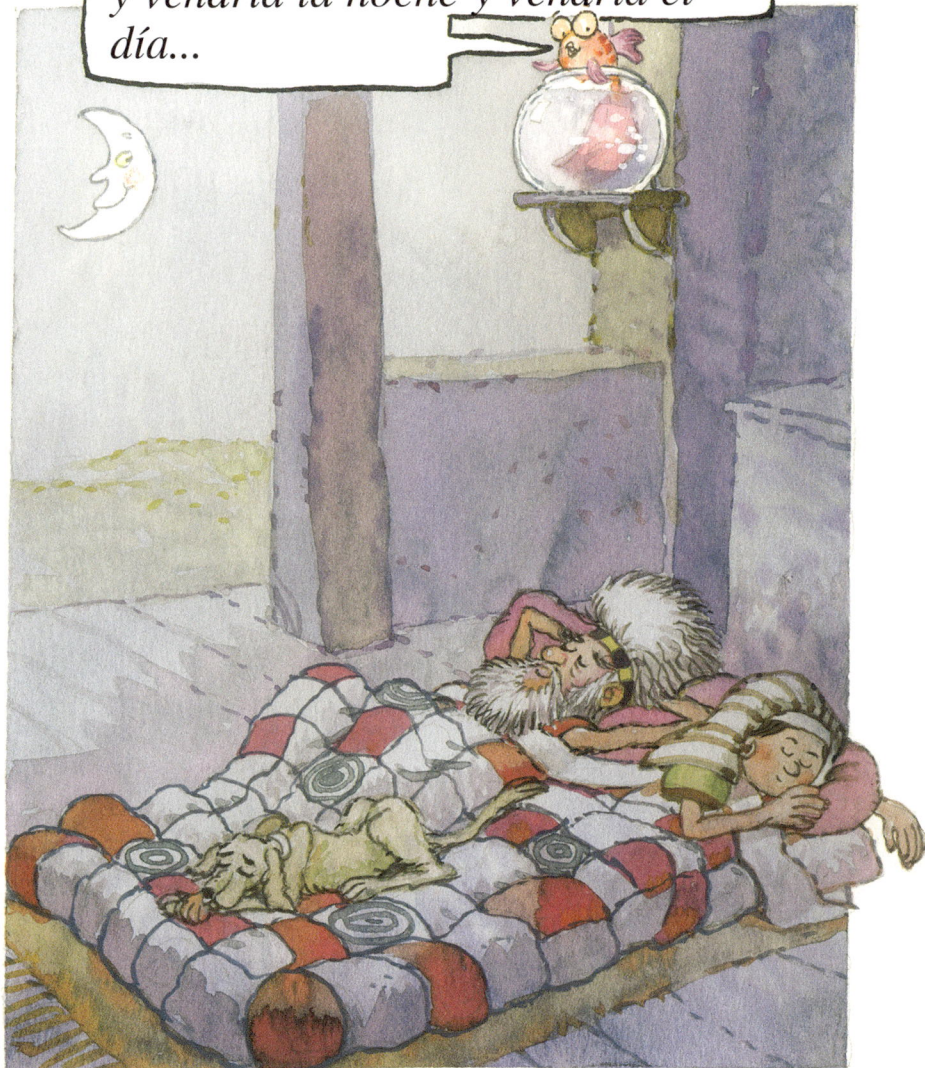

...vendría la noche y vendría el día y vendría la noche y vendría el día...

57

Entonces Dios hizo algo muy especial. Usando todos los colores, él creó el primer arco iris. «Como señal de mi promesa, he puesto mi arco iris en las nubes».

¿Cuántos colores tienen el arco iris? ¿Azul claro, azul clarito... clarito...?

El regalo de Dios para Noé, y para
nosotros, es el arco iris. Es la señal
de Dios que él siempre cumple sus
promesas.

Así como los colores del arco iris son infinitos, el arco iris también es infinito. E igual que el arco iris, el amor de Dios sigue y sigue y sigue...

El principio de la Torre de Babel

Génesis 11

¿Dónde vives tú? ¿En qué país?
¡Sabes saludar en algún otro
idioma? ¡Mhoro! ¡Czesc! ¡Hola!

¡Así se saluda en el idioma
shona de Zimbabwe, polaco y
mexicano!

Mucho, mucho, mucho tiempo atrás, todo el mundo hablaba un mismo idioma.

Nosotros hablamos el mismo idioma. Di « ¡hola!». ¡Dilo más alto! Yo te oigo y te respondo «¡hola!»

Mucho, mucho, mucho
tiempo atrás, mientras
las personas iban
viviendo más lejos,
todavía se entendían.

¡Oye tú! ¡Recoge ese grano de arena! ¡No, no ese, ESE! Él sabe lo que le quiero decir.

Entonces algunas personas encontraron un lugar plano y decidieron hacer sus hogares allí.

A mí me gustan los lugares planos. Son fáciles para construir.

La próxima vez que juegues en la arena, haz un área plana antes de empezar a construir tu torre.

71

Las personas dijeron: «Vamos a hacer ladrillos y vamos a quemarlos hasta que estén bien duros.

¿Qué pasa cuando le das una patada a una torre de arena? ¡Whooosh! ¿Y qué pasa cuando le das una patada a una torre de ladrillos? ¡Ouch!

Las personas eran
inteligentes. En vez
de usar piedras
hicieron estos
ladrillos, y los
pegaban con brea,
en vez de mezcla.

Construye una torre con tus puños, uno encima del otro, encima del otro, encima del otro... ¿Dónde parará?

75

El fin de la Torre de Babel

Génesis 11

¡Oh, sí! ¡La
Torre de Babel
estaba subiendo!

Las personas dijeron:
«Podemos ser famosos y no
tendremos que seguir yendo de
un lugar a otro».

Entonces dijeron: «¡Vamos, construyámonos una ciudad!»

Ahora una torre no era suficiente. ¡Tenían grandes planes!

81

Cuando Dios vio lo que estaban
tratando de hacer, él supo que
tenía que pararlos, o pensarían
que ellos eran dioses.

Ellos se sintieron muy orgullosos de ellos mismos y de sus planes de una gran torre y una gran ciudad.

Así que Dios mezcló sus palabras e hizo idiomas diferentes. Las personas ya no hablaban un idioma, sino muchos.

¡Cielos! Si los trabajadores no se entienden, yo podría decir: «¡Recoge ese grano de arena! Y puede ser que piensen que quiero decir: «¡Alcánzame el martillo!». Eso no es manera de construir algo.

85

La ciudad que nunca terminaron de construir se llamaba Babel, que significa *Mezclado y confundido*, porque allí el Señor confundió los idiomas del mundo entero.

No importa cuán alto llegues, ni cuán grande sueñes, alaba a Dios y dale las gracias por ayudarte. Siempre incluye a Dios en tus planes.

87

Entonces el
Señor mandó a
la gente a
diferentes
lugares,
regándose por
toda la tierra.

Good Bye!
Czesc!
Chisarai zvankanaka!

Abraham sigue a Dios

Génesis 12—13, 17

91

Abraham tenía muchas ovejas,
vacas y camellos. Él y Sara
vivían en el desierto y dormían en
carpas.

93

Una noche Dios le dijo a Abraham que él haría de su familia una gran nación.

Abraham creía y en Dios y confiaba en él. ¿De qué nación eres tú?

95

Dios también le prometió a
Abraham y a Sara, un nuevo hogar.
Así que cargaron sus carpas sobre
camellos y caminaron hasta que
Dios les dijo cuándo y
dónde parar.

¡Recoge tus maletas! ¿Quién es el líder aquí?

La gran familia de Abraham

Génesis 13, 15, 17—18, 21

Muchos años pasaron y Abraham y Sara TODAVÍA no tenían un hijo. Le preguntaron a Dios por qué. ¿Cuántas estrellas hay? ¿Un billón? Así de grande y maravillosa era la familia que Dios le prometió a Abraham y a Sara.

Un día, tres extraños visitaron a
Abraham y a Sara, y estos le
sirvieron su mejor comida. Uno
de los visitantes dijo que pronto
Sara tendría un hijo.

Más que cualquier otra cosa, Abraham y Sara querían un bebé, un pequeñín igual que tú.

Sara escuchaba desde adentro de la carpa. Se rió porque ya estaba muy vieja, demasiado vieja para tener un bebé.

El visitante dijo: «¿Por qué se rió Sara? Nada es muy difícil para el Señor».

Sara se quedó perpleja por lo que oyó. Pero Abraham sabía que el visitante era el Señor.

Un año después, Abraham y Sara, al fin, tuvieron a su pequeño bebé Isaac, el regalo de Dios. Isaac era el principio de la grande y maravillosa familia que Dios le prometió a Abraham. Isaac significa *Risa*.

¿A quién alegró Isaac cuando nació? ¿A quién alegraste tú cuando naciste?

107

José
y la
túnica de
colores

Génesis 37

Isaac tenía un hijo llamado Jacob. Y después Jacob tuvo doce hijos. José era su favorito. Un día Jacob le dio una túnica de colores. Esto puso celoso a los otros hermanos.

¿Alguna vez has tenido un sueño? ¿Qué soñaste?

Una noche, José soñó que el sol, la luna y once estrellas se arrodillaban delante de él, como si él fuese rey. Esto no le gusto a sus hermanos mayores. «¡Nunca nos arrodillaremos delante de TI!»

José fue a ver a sus hermanos que
estaban cuidando ovejas. Sus
hermanos le quitaron la túnica de
colores y lo echaron en un pozo.

¿Por qué le hicieron eso sus hermanos?¿Debería José perdonarlos algún día?

Los hermanos de José lo vendieron como un esclavo a Egipto, muy, muy lejos. Pero Dios estaba con José.

Los esclavos no son libres como los cometas, como tú y como yo. ¿Dónde está la túnica de colores de José ahora?

José perdona
a sus hermanos

Génesis 39—46

José trabajó muy duro como esclavo en Egipto. Él hombre que era dueño de José lo puso a cargo de su casa y de su finca. José trabajaba para Dios y pensaba en él como su VERDADERO amo. ¿En qué trabajaste duro tú hoy?

Dios ayudó a José en Egipto, a ver
lo que significaban los sueños.
Faraón, el rey de Egipto, le contó
a José un sueño de siete vacas
gordas que cruzaron el río.

¡Las siete vacas flacas cruzaron y se comieron las vacas gordas, pero se quedaron flacas!

Dios le enseñó a José que las vacas gordas significaban siete años buenos. Así que Faraón libró a José y lo encargó del almacenaje de la comida.

Después de los siete años buenos
vinieron siete años malos. ¡Eso era lo
que representaban las vacas flacas!
Como era tan difícil encontrar comida
en ese momento, los hermanos de José
fueron a Egipto. Ellos no reconocieron a
José, pero José sí los reconoció a ellos.

Cuando José los miró a los ojos, no pudo seguir bravo con sus hermanos. ¿De qué color son los ojos de la persona que te está leyendo esta historia?

José perdonó a sus hermanos por lo que le habían hecho hacía tanto tiempo. Dios había cuidado a José. Eso es lo único que importaba. ¡Los hermanos saltaron de alegría al haberse encontrado de nuevo!

¿Algúna vez estuviste bravo con alguien? ¿Lo perdonaste?

125

Jacob y sus hijos se mudaron para
Egipto para estar cerca de José.
¡Ahora su familia
estaba junta
otra vez!

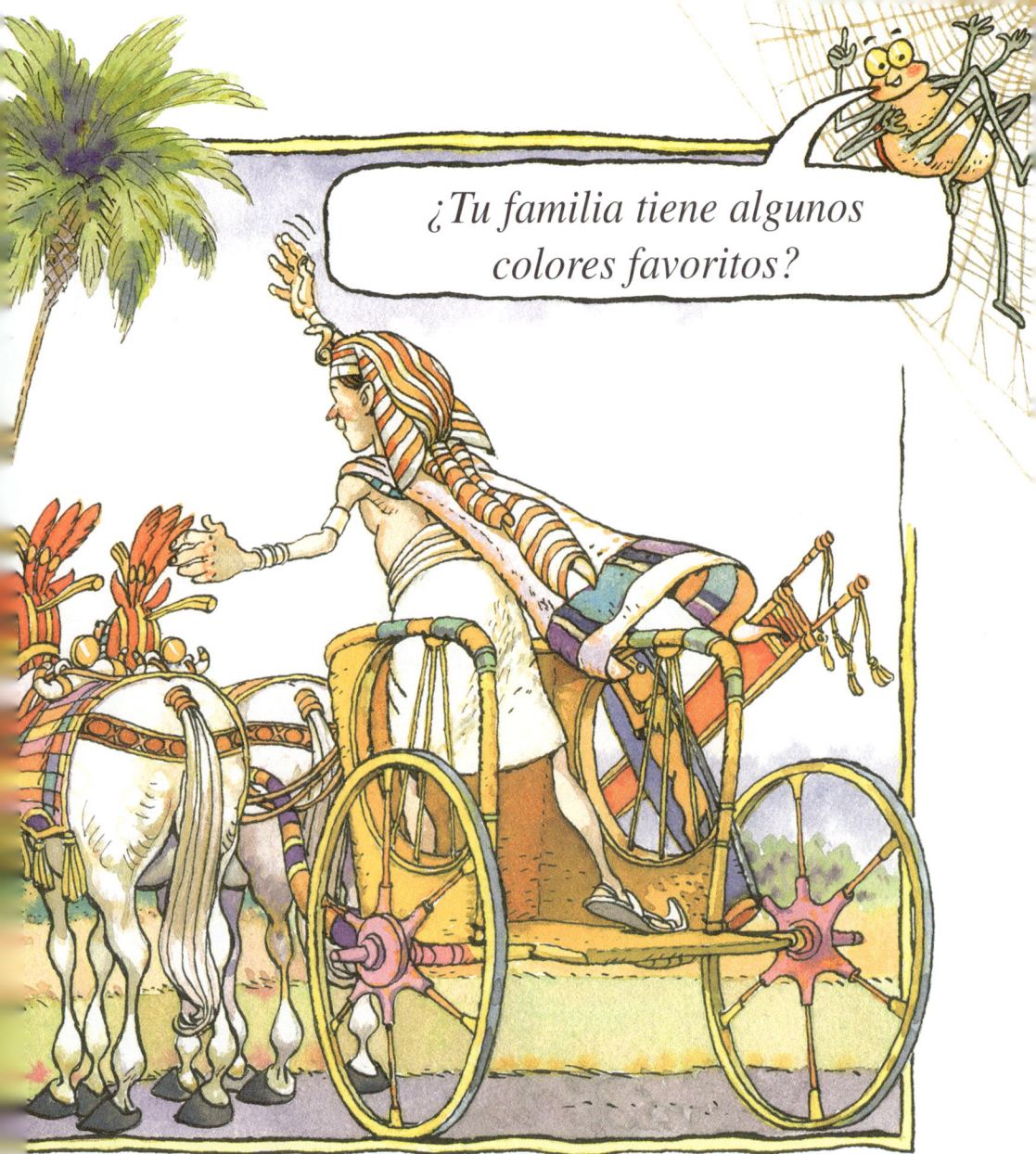

¿Tu familia tiene algunos colores favoritos?

127

Moisés oye el llamado de Dios

Éxodo 1— 4

Hace mucho tiempo, cuando Moisés era un bebé, mucho más chiquito que tú, su mamá le salvó la vida.

El rey de Egipto, o Faraón, querían hacerle daño a los bebés hebreos, como Moisés. Así que su madre lo puso en una cesta y lo puso sobre el río a flotar.

Dios cuidó a Moisés y lo mantuvo seguro. La hija de Faraón oyó a Moisés llorando. Ella lo salvó e hizo a Moisés como su propio hijo.

Moisés se crió en el palacio. Los egipcios odiaban a los hebreos, que eran el pueblo de Dios. Un día, Moisés vio a un egipcio dándole a un hombre hebreo. Moisés mató al egipcio y se fue.

Moisés se escondió en el desierto por muchos años en un lugar llamado Madián.

Moisés se casó con una mujer de Madián. ¡Un día mientras estaba pastoreando las ovejas de su suegro, Moisés vio fuego en una mata… pero, se dio cuenta que ¡el fuego no la estaba quemando! ¿Cómo podía ser eso?

¡Era Dios, tratando de hacer que Moisés escuchará!

134

¿Que quería Dios que hiciera Moisés? Que regresara a Egipto y ayudará a salvar al pueblo de Dios de los egipcios. Pero, Moisés tenía miedo y dijo: «Yo no, Dios».

¿Moisés tenía miedo?

Dios sabía que Moisés no podía hablar bien, pero Dios le dijo que él lo arreglaría. Lo único que Moisés tenía que hacer era escuchar el llamado de Dios y decir: «Sí».

¿Cuan fácil es decir «Sí»? ¿A veces te parece difícil obedecer?

Moisés guía al pueblo de Dios

Éxodo 5—16, 19—20, 33—34; Números 13—14; Deuteronomio 1

Moisés guío al pueblo de Dios para salir de Egipto. ¡Entonces Dios partió el Mar Rojo a la mitad!

Moisés obedeció a Dios y regresó a Egipto. Él le pidió a Faraón que dejara ir al pueblo de Dios. Pero el corazón de Faraón estaba endurecido, y dijo: «¡No!» Dios mostró su poder de muchas maneras hasta que Faraón al fin se dio por vencido. Después, Faraón cambio de pensar. Le gritó a sus soldados: «¡Vayan a buscarlos y tráiganlos!»

Pero Dios estaba cuidando de su pueblo. ¡Justo cuando el grupo de Moisés llegó al Mar Rojo, Dios partió las aguas! Todos llegaron al otro lado, salvos, antes que Dios volviera a cerrar el agua.

Durante la larga jornada hacia la tierra prometida, el pueblo de Dios empezó a olvidarse de adorar y alabar a Dios. Así que Dios escribió en una piedra diez reglas para que Moisés y su pueblo siguieran.

Dios dio estas reglas para mantener a sus hijos seguros, saludables y felices.

Dios escribió estas diez reglas, o Diez Mandamientos a Moisés en una montaña. Dios bajó de su nube para estar con Moisés.

Moisés cerró bien sus ojos porque la gloria de Dios era muy grande.

Cierra los ojos y piensa que en tu cara brilla una luz. ¿Cómo se siente?

¿Alguna vez haz oído tu estómago quejarse? Eso es lo que hizo el pueblo de Dios en el desierto: ¡quejarse!

Al pueblo de Dios le tomó
cuarenta años para llegar a la tierra
prometida llamada Canán. A pesar
de sus quejas, Dios le dio agua y
comida a su pueblo todos los días.

El general Josué y la tierra prometida

Josué 1—2, 5—6; Deuteronomio 31—34

Una vez había un soldado llamado Josué. Antes de que Moisés muriera, él le dijo a Josué: «Recuerda siempre al Señor y se valiente». Ser valiente significa hacer algo difícil o que da miedo. ¿Qué me está protegiendo a mí ahora?

Dios le prometió a Josué: «Yo estoy contigo donde quiera que vayas. Te ayudaré a ganar las batallas por la tierra prometida». La primera ciudad que Josué tenía que tomar era Jericó.

Dios sabía que él le estaba pidiendo a Josué que hiciera algo difícil. Por eso es que tuvo que ser valiente. ¿Hoy tuviste que hacer algo difícil? ¿Tú sientes que eres valiente?

151

Jericó estaba cerrada porque la gente tenía mucho miedo. El Señor le dijo a Josué: «Jericó ya es tuya. Esto es lo que necesitas hacer...»

Dios tenía un plan. Él quería que su pueblo aprendiera a confiar solo en él.

Haz un sonido que sea igual al sonido de una trompeta. ¡Ahora no digas ni una palabra... ni hagas ningún sonido!

Este era el plan de Dios…
Que durante seis días, el
ejército de Josué, marche
alrededor de la ciudad de
Jericó. Que los
sacerdotes toquen
sus trompetas.
Nadie dijo ni una
palabra.

Marcha alrededor de la persona que te está leyendo mientras él o ella se cae.

El séptimo día, al amanecer, caminaron alrededor de Jericó siete veces. Entonces, cuando los sacerdotes tocaron sus trompetas bien duro y largamente, Josué gritó: «¡Griten! ¡El Señor le ha entregado a Jericó!»

¡Abajo cayeron los muros de Jericó! El Señor protegió a la gente de Josué, los israelitas. Él hizo a Josué valiente porque Josué se acordó del Señor.

La protección de Dios es como un escudo o una armadura que tenemos puesta todo el tiempo, pero solo lo notamos a veces —¡como mi carapacho! Igual que Josué, recuerda que el Señor está contigo dondequiera que vayas.

Gedeón y el vellón

Jueces 6

Una vez había un hombre llamado Gedeón. Él no estaba seguro de muchas cosas

Los israelitas, el pueblo escogido de Dios, le tenían tanto miedo a los terribles madianitas, que tenían que esconderse dentro de las cuevas.

No estoy seguro donde estoy.
No sé dónde estaré seguro.
¡No estoy seguro de nada!

Los madianitas quemaron los campos de los israelitas y se robaron sus animales. Ellos tenía tantos camellos que no lo podía contar.

¿Puedes contar cuántos camellos hay? Yo no estoy seguro

165

Gedeón tuvo que esconder su
comida de los madianitas. Un
ángel se le apareció a Gedeón
y le dijo: «El Señor está
contigo».

Esto era algo de lo cual Gedeón podía estar seguro. Di en voz alta: «El Señor está conmigo». ¡Puedes estar seguro de eso!

Entonces el ángel
dijo: «Tú guiarás al
pueblo de Dios
contra los
madianitas».

El ángel estaba seguro. Pero, Gedeón, no estaba seguro. ¿Qué piensas tú? ¿TÚ estás seguro?

Gedeón, TODAVÍA no estaba seguro de que Dios ayudaría a los israelitas a derrotar a sus enemigos. Así que primero él oró para ver un vellón mojado (o piel de oveja) sobre la tierra seca.

Dios hizo esto. Entonces, Gedeón oró para ver una piel de oveja SECA sobre el piso mojado por el rocío. Dios hizo esto también. AHORA Gedeón estaba seguro

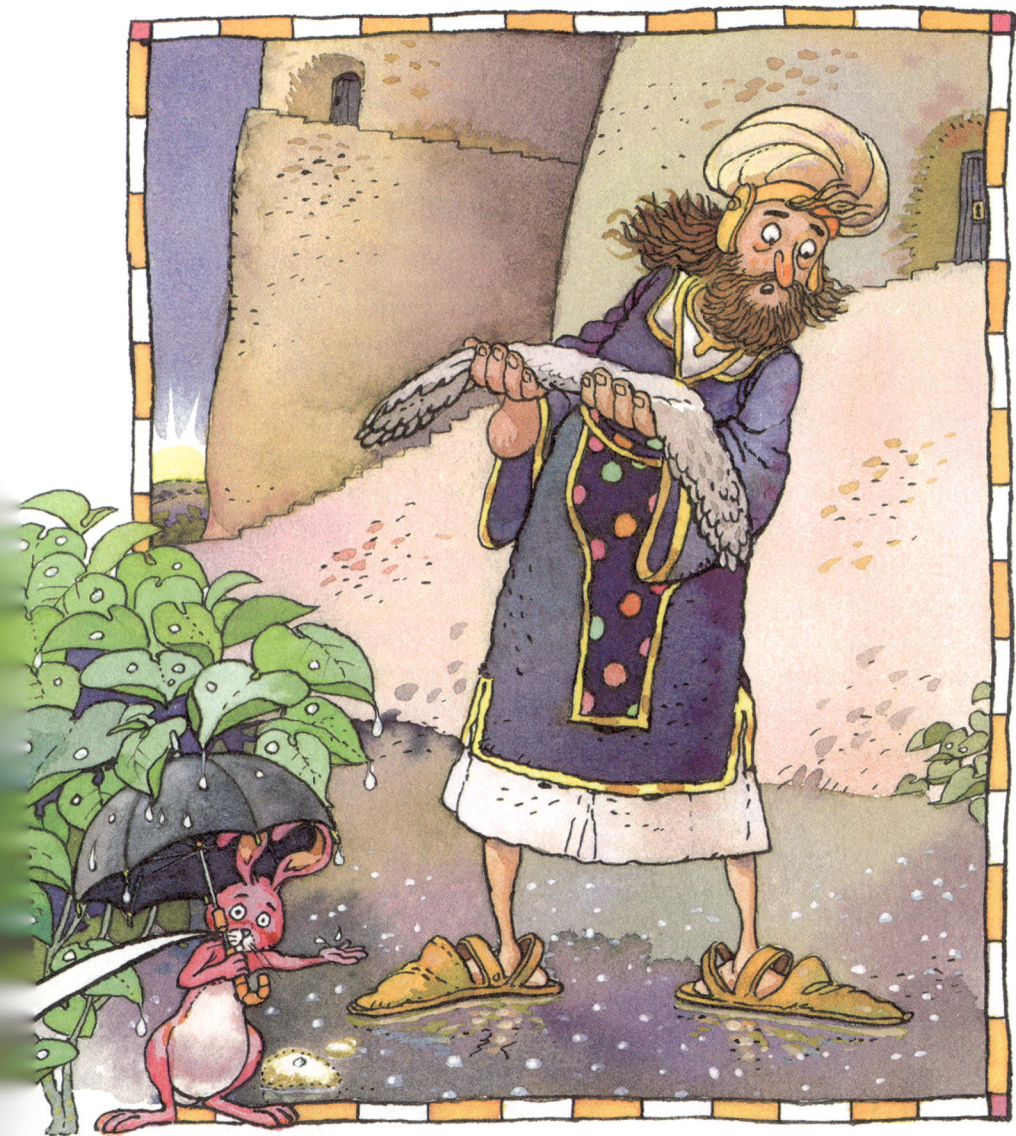

Dios tenía un plan. ¡Gedeón y 300
soldados rodearon el campamento
enemigo e hicieron un ruido terrible!

¡Aguantaron en sus manos izquierdas sus antorchas y sus trompetas en la derecha, y ganaron la batalla!

Levanta tu mano izquierda. Levanta tu mano derecha. ¡Viva Gedeón! ¡Viva Dios!

Sansón el superfuerte

Jueces 13—14, 16

Cuando Sansón era niño, él era muy especial

Dios pidió a los padres de
Sansón que nunca le cortaran el
pelo. Esto era una señal de que
Dios tenía un plan especial para
Sansón. Mientras Sansón crecía,
y su pelo crecía y crecía, él se
volvía más fuerte.

Déjame ver tus músculos. ¿Cuán fuerte eres

Un día Sansón usó el regalo de Dios de superfuerza cuando fue atacado. ¿Por qué? Él tiró y mató a un grande, feroz, RUGIENTE...

...¡¡LEÓN!! ¿Cuán fuerte es un león? ¿Era más fuerte que Sansón? ¿Más fuerte que tú? ¿Cuán grande es un león

Otra vez, los enemigos de Sansón lo tomaron prisionero y lo amarraron. ¡De nuevo, el Espíritu del Señor lo hizo superfuerte, y rompió las sogas como si fueran solo un hilo!

Trata tú de romper un hilo. ¡Ahora trata de romper dos!

Años después,
Sansón se enamoró
de una mujer llamada Dalila.
Ella le rogaba a Sansón que le dijera el
secreto de su fuerza. El secreto de Sansón
era que su pelo nunca había sido cortado.

Los enemigos de Sansón le prometieron a Dalila darle dinero si ella lo lograba descubrir. Cuando él le dijo a ella su secreto, ella se lo dijo a sus enemigos. Ellos lo atacaron y le cortaron el pelo.

¡Oh, no! ¡Ya Sansón no era superfuerte

Los enemigos de Sansón lo pusieron en la cárcel y le lastimaron los ojos para que no pudiese ver. Sansón oró a Dios, y mientras su pelo crecía, también crecía la fuerza de Sansón. Entonces derrumbó las paredes del palacio, destruyendo a todos sus enemigos. ¡CRASH!

¿Qué te hace a ti diferente? ¿Tus dedos, tus dedos de los pies? Vamos a ver. ¡Dios tiene un plan especial para tu vida, diferente al de Sansón, pero¡ igual de especial!

Rut busca un nuevo hogar

Rut 1—2

Había una vez una joven mujer llamada Rut. Ella se casó con un hombre de otro país y lo amaba mucho.

189

Entonces este hombre, que era el esposo de Rut, se murió. Su madre, Noemí, le dijo a Rut: «Deberías regresar a tu hogar, a tus padres». Noemí quería regresar a su hogar y a su pueblo, Israel, que también era el pueblo de Dios.

¿En que país tú naciste? ¿Es el mismo país donde vives ahora

Rut era muy especial porque
amaba a Dios. También
amaba a Noemí, que
le había enseñado
a amar a Dios.

¿Quién te ha enseñado a ti a amar a Dios?

193

Rut le rogó a Noemí: «Por favor, déjame ir contigo. Yo iré a donde tú vayas. Tu gente será mi gente y tu Dios, mi Dios. Él cuidará de nosotras».

Señala las cosas que son de los mismo colores de la bandera de tu país

195

¿En qué ciudad naciste? ¿Ahí está tu hogar ahora?

Noemí y Rut caminaron un largo, largo camino. Caminaron hasta Belén, la ciudad donde Noemí nació. ¡Su nuevo hogar!

Dios premia la lealtad de Rut

Rut 2—4

En Belén, Rut cuidaba a Noemí.
Ella recogía granos y los
compartía con Noemí.

199

El campo donde Rut encontró comida le pertenecía a un hombre llamado Booz. Él quería ayudar a Rut porque ella quería ayudar a Noemí.

Booz dejaba que Rut se llevara todo el grano que quisiera. Noemí dijo: «¿Booz es dueño del campo? ¡Él es un familiar mío!»

Noemí le dijo a Rut: «Porque Booz
es de mi familia y nos quiere, tal
vez se case contigo».

203

Rut y Booz se casaron y hubo una gran fiesta. ¡Noemí estaba muy, muy contenta!

¿Quién te ama? ¿Esto te hace feliz? ¡Muestra lo contento que estás dando la sonrisa más grande del mundo!

Ahora Rut y Booz podían cuidar a Noemí juntos. Después de un tiempo, tuvieron un bebé pequeño llamado Obed. Noemí era como una abuela para Obed.

¿Alguien que te ama tiene algún nombre especial para ti?

Rut era una extraña cuando llegó
a Belén. Sin embargo, Dios la
bendijo porque ella le obedeció.

*Rut dejó a su gente y a su país por
lealtad y cariño a Noemí. ¡Ella
empezó sin nada y ahora tenía un
esposo, un hijo y un nuevo hogar
en Belén!*

Muchos, muchos años después,
el rey David nació en Belén. Muchos,
muchos años después de eso, Jesús
nació en Belén. Y los dos eran parte de
la misma familia, con Obed de tatara-
tatara-tatara abuelo, y Rut su mamá.

Dios escoge a David

1 Samuel 16

Dios miró el corazón de un niño pastor de ovejas llamado David y vio que David lo amaba mucho

¿Puedes mirar tu corazón? ¿Lo puedes sentir? ¿Te sientes bien cuando haces algo bueno?

A David le gustaba tocar el arpa y cantarle canciones a Dios.

Nombra una cosa que haces bien.

David también era muy bueno
tirando piedras con su onda. Le
podía dar a cualquier cosa que
apuntaba. Podía hasta matar a
los osos que venían a cazar
a sus ovejas.

¡Podía matar hasta
LEONES con su onda!

¿Puedes rugir tan alto como un león?

Un hombre sabio llamado Samuel fue
a la familia de David para encontrar
al rey que Dios había escogido. ¡Este
hermano no, este no, este no, este no,
este no, este no, este no!

«¿Estos siete muchachos son todos tus hijos?» preguntó Samuel. «No», contestó el padre de David. «Tengo uno más. El menor». Dios escogió a David porque tenían planes para él. No en ese momento, pero, un día David sería rey.

A veces ser el menor no es tan malo.

David
pelea contra Goliat

1 Samuel 17

A veces da miedo ser chiquito.

El ejército de Israel era poderoso y grande en número. ¡Aun así, los soldados tenían mucho, MUCHO miedo de pelear contra el gigante GOLIAT!

¿Qué es un intimidador?

Nadie en el ejército se atrevía a pelear con Goliat. David era muy pequeño para estar en el ejército como sus hermanos, pero aun así le rogó al rey Saúl: «¡Déjame pelear con Goliat! Soy bueno con la onda».

David sabía que Dios estaba de su lado.

El gigante llamado Goliat se está burlando de Dios y del pueblo de Dios. «¡Ustedes no son nada, y su Dios tampoco es nada!» Que dijeran esto era algo terrible… David dijo: «Oh, ¿sí? ¡Tú no eres demasiado grande para mi!»

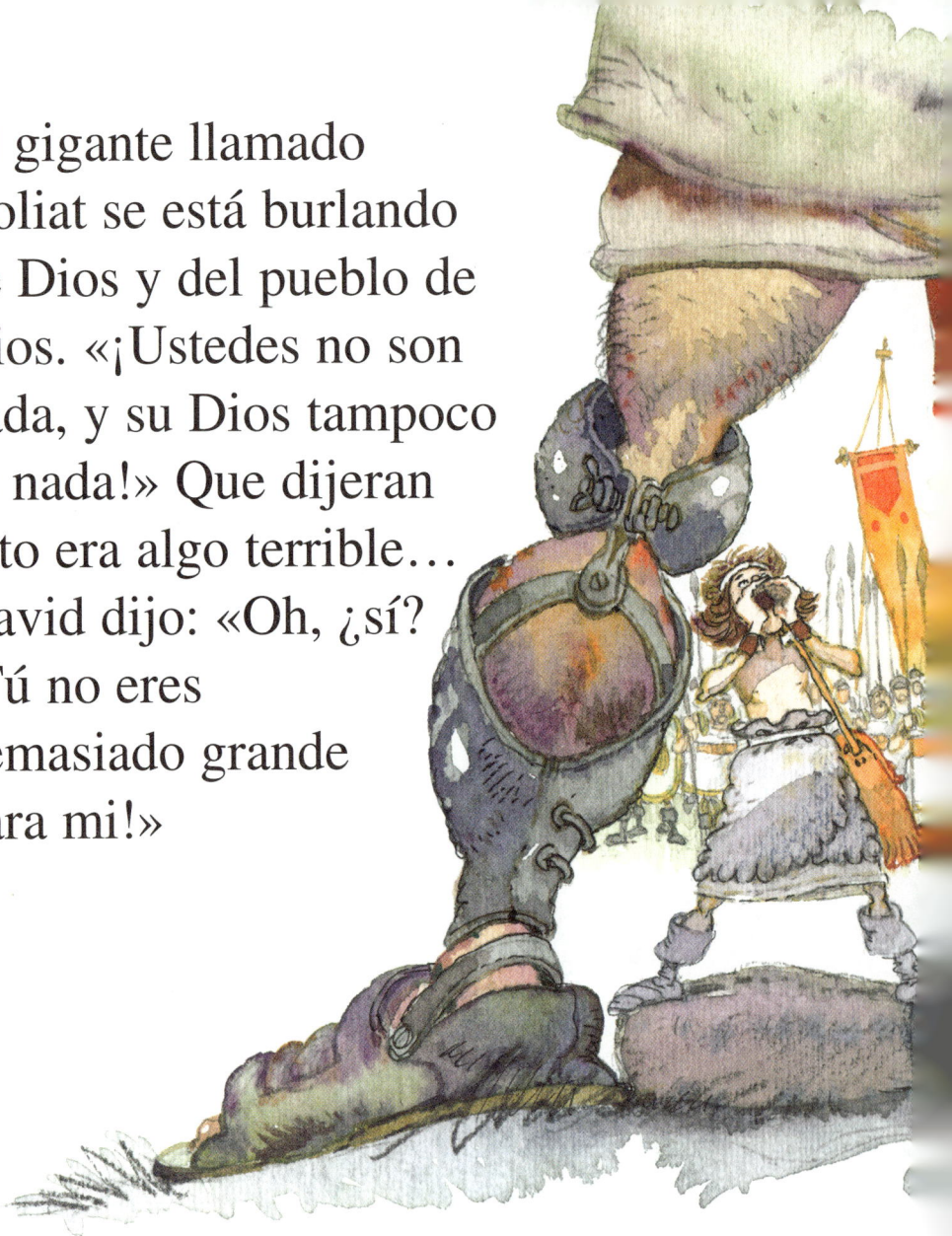

¿En algún momento alguien se ha burlado de ti por ser el más chiquito o el menor?

David apuntó al gigante y tiró una piedra volando por el aire con su onda. La piedra voló y voló hasta que... «¡PUNG!» Le dio a Goliat en la cabeza y lo mató.

No siempre gana el grande y fuerte. A veces gana el pequeño y valiente.

Después de que David
mató a Goliat, todos
dijeron: «¡Tres gritos
para el joven David!
¡Ey, ey, qué bien! ¡El
joven David es valiente
y buen mozo!»

¿Era especial David porque era inteligente, valiente, buen mozo y bueno? No. Era porque Dios lo escogió y lo amaba. ¡Igual como Dios te ama a TI!

Salomón salva a un bebé

2 Samuel 12; 1 Reyes 3: 2 Crónicas 1

Cuando Salomón era un joven príncipe, Dios le dijo en un sueño: «Pide lo que deseas». Salomón dijo: «Por favor, dame sabiduría. Ayúdame a ver lo que es bueno y lo que es malo. Yo reinaré sobre el pueblo de Dios sabiamente».

Si pudieras pedir cualquier cosa en el mundo entero ¿qué pedirías?

239

Dios le cumplió el deseo de sabiduría a Salomón. La gente venía de todas partes para pedirle consejos, incluyendo a dos mujeres que estaban peleando por un bebé. «¡Él es mío!» gritaba una madre. «¡No, él es mío!» gritaba la otra.

241

Salomón necesitaba descubrir cuál mujer era la madre del bebé. Cuando él dijo: «Corten al bebé a la mitad» la gente se asombró. Salomón no iba a lastimar al niño. Él estaba descubriendo la verdad.

Si esto te da demasiado miedo, haz un sonido de asombro lo más alto que puedas.

La primera mujer gritó: «¡No! Por favor, denle el niño a ella. Entonces por lo menos vivirá». Salomón señaló a la primera mujer. «Denle el bebé a ella. Ella es la madre verdadera por que le importa más la vida del bebé que sus propios deseos propios». Ser sabio significa ser inteligente y tener sentido común, saber lo que estás haciendo y el porqué.

Ve y busca algo por lo cual antes peleabas, pero ya no vas a pelear más.

245

La sabiduría del rey Salomón

1 Reyes 4: 6—10: 2 Crónicas 1: 9; Salmo 72

Por su sabiduría, Salomón tenía poder. Él tenía ejércitos y una flota de barcos que negociaban oro, plata y caballos. ¿Puedes hacer sonidos como hacen los caballos?

247

Salomón tenía palacios para él. Pero, él también construyó una casa para Dios, grande y maravillosa. Esta casa era el templo, un lugar para los Diez Mandamientos que Dios le escribió a Moisés, un lugar para que el pueblo de Dios lo adorara.

¿Recuerdas tu deseo? ¿Era por una casa grande, o por un dormitorio más grande solo para ti?

253

Salomón era tan sabio que la reina de Saba lo visitó llevándole regalos de oro y condimentos especiales.

Salomón dijo que los niños deben escuchar los consejos si quieren que sus padres estén orgullosos de ellos. Los padres muestran su amor por sus hijos al enseñarle lo que es bueno y lo que es malo.

255

Elías, el profeta

1 Reyes 16—17, 19; 2 Reyes 2

257

Elías era un profeta. Un profeta es alguien que ve cosas que Dios le muestra. Él ve lo que está pasando ahora. A veces ve lo que va a pasar. Cierra tus ojos, después ábrelos. ¡Ahora puedes ver!

El trabajo de Elías era advertir a la gente: «¡Vuélvanse a Dios!». Cómo él era profeta VEÍA a la gente en algunas de la formas en que Dios las veía.

El rey y la mayoría de la gente ni siquiera creían en Dios. En vez de orar a Dios le oraban a dioses falsos. ¡Esto era algo terrible! ¿Cómo harías TÚ para advertirle a alguien alguna cosa? ¿Qué le dirías?

261

Dios mandó a Elías a un
pueblo y le dijo que le pidiera
a una viuda y a su
hijo comida y agua.
Aunque ella era muy
pobre, le dio toda
su agua, y después le
ofreció todo lo que
le quedaba de su
harina y todo el
aceite que tenía.

La viuda no tenía casi nada, pero lo que tenía lo compartió con Elías. Dios la premió prometiéndole que su plato de harina y su vasija de aceite nunca se vaciarían. ¿Qué es lo que tú comes que contiene harina y aceite?

263

Elías se quedó con la viuda y su hijo durante tres años. ¡Pero entonces su hijo se murió! Elías le pidió a Dios que resucitara al niño. ¡Y Dios le contestó su oración!

¡Cuando Elías le llevó a la viuda a su hijo vivo (quien había estado muerto) ella supo que Elías era un hombre de Dios!

Un día, Elías escaló una montaña y el Señor le dijo que él le pasaría por el lado. El Señor no estaba ni en un terremoto ni en un fuego. Elías encontró a Dios en el susurro suave del viento.

Mueve tus manos y haz un sonido como el susurro suave del viento.

Cuando Elías estaba muy, muy viejo, Dios mandó a su encuentro caballos de fuego desde el cielo. Elías se montó en el carro de fuego… y subió al cielo.

¡Que impresionante visión! ¿Qué sonido hacen los caballos?

Jonás trata de escaparse de Dios

Jonás 1

Había una vez un hombre llamado Jonás. Dios le ordenó a Jonás que fuera a Nínive y le dijo: «Adviértele a tus enemigos que cambien sus caminos».

271

«¿Advertirle a mis enemigos?» dijo
Jonás. «Yo no quiero advertirle
nada a mis enemigos los ninivitas.
Yo quiero que Dios los castigue».
Así que Jonás decidió no ir a
Nínive, y se fue a Tarsis, en
España.

*Siempre he querido ir a
España. ¿Y tú?*

En vez de Nínive, Jonás fue a Jope, se montó en un barco, y navegó hacia España. Él pensó que de esta manera podía escaparse de Dios.

Para llegar a un lugar, puedes caminar derecho, o puedes caminar de lado como yo. ¡Pruébalo!

Pero ni siquiera Jonás podía escaparse de Dios, porque Dios está en todas partes. Jonás desobedeció, así que Dios envió una tormenta.

Muestra cómo el barco se movía de un lado para otro, bajaba y subía. ¡¡Ahora muestra cómo el barco SUBÍA BIEN ALTO Y BAJABA BIEN PROFUNDO!!

277

¡Los marineros no sabían qué hacer! Primero tiraron toda la carga. Después despertaron a Jonás. «¿Qué hiciste para hacer que Dios mandara esta tormenta?»

Los marineros querían saber cómo parar la tormenta. ¡El viento estaba soplando muy rápido! ¡Trata de soplar tan fuerte como el viento!

Jonás dijo: «Esta tormenta es por mi culpa. Tírenme para el agua y estarán seguros». Los marineros no querían, pero, tuvieron que hacerlo.

¡Levantaron a Jonás y contaron… uno… dos… tres… al agua! Como el mar que estaba tan agitado se oyó un tremendo: ¡¡¡SPLASH!!! ¿Puedes producir con tu boca los sonidos de las burbujas aunque NO estés debajo del agua?

Jonás
y el
gran pez

Jonás 1—4

¡GULP¡ Por tres días y tres noches estuvo Jonás en el estómago del gran pez. Al fin Jonás oró y dijo que estaba arrepentido. Entonces Dios mandó al pez a echarlo en la playa.

¿Cómo tú crees que se escuchó ESO?

287

Dios todavía quería que Jonás fuera a Nínive; no a España, ni a ningún otro lugar. Nínive. Así que esta vez, ¿qué hizo Jonás? FINALMENTE, Jonás fue a Nínive.

Jonás se pasó un día entero caminado por las calles. Le dijo a sus enemigos que vivieran una vida mejor o Dios los iba a castigar.

289

¿Sabes qué? ¡Los ninivitas escucharon! «¡Oh! ¡Estamos muy arrepentidos!» decían. Se pusieron ropas que parecían sacos para mostrarle a Dios cuán arrepentido estaban.

Hasta el rey estaba arrepentido. Se quitó sus vestiduras reales y se puso ropa de saco como el resto de los ninivitas.

Dios perdonó a los ninivitas. Ellos escucharon su mensaje y obedecieron.

Todos oraron y le pidieron a
Dios que los salvara.

*Y eso es lo que Dios
quería.*

293

Cuando Dios escogió perdonar a los ninivitas, Jonás no estuvo contento. Él estaba bravo y se fue solo. Dios causó que una planta creciera y le diera sombra a Jonás.

¿Adónde tú vas cuando te sientes mal? ¿Cómo puso la cara Jonás cuando pensó que Dios no era justo?

295

Entonces Dios hizo que un gusano atacara la planta y la matara. Ahora Jonás está MUY bravo. Pero Dios le dijo a Jonás: «A ti te importa la planta. Piensa cuanto más a MÍ me importan todos esos hombres, mujeres y niños. ¡Por ellos te mandé a Nínive!»

Jonás tomó una ruta diferente para llegar a Nínive. Algunos de nosotros caminamos de lado para llegar a un lugar. Igual que caminar de lado, el camino de Jonás era diferente, pero al final llegó… y aprendió una lección tamaño BALLENA.

Daniel, el prisionero

2 Reyes 25: 2 Crónicas 36; Jeremías 39—40, 52; Daniel 1

Hace mucho tiempo, había un niño llamado Daniel que era muy valiente.

Durante una terrible guerra, un ejército enemigo atacó a Jerusalén y tomó a muchos del pueblo de Dios prisioneros. ¡Pobre Daniel! Los soldados lo mandaron para Babilonia, muy, muy lejos.

Algunos dicen que Daniel era un príncipe en Jerusalén, príncipe o prisionero, Daniel juró nunca olvidar su hogar ni su familia. ¿Qué hizo Daniel? Él habló con Dios.

El rey de Babilonia se llamaba Nabucodonosor. Él le ordenó a los soldados buscar entre los muchos prisioneros. «Busquen a los niños más jóvenes e inteligentes. ¡Entonces mándenlos a mi escuela especial!»

¿Puedes decir «Nabucodonosor»? ¡No con la boca llena! ¿Dónde está el rey?

En la escuela especial del rey, Daniel y sus amigos tenían que leer y escribir en el idioma de Babilonia.

Tenía hasta nuevos nombres babilonios. Daniel se llamaba «Beltsasar». ¿Cómo se dice ESO?

¿Qué te hace a TI diferente?

Ellos tenían que comer como los babilonios, beber como los babilonios y orar como los babilonios. Finalmente, Daniel le dijo a sus maestros: «¡No! No somos como ustedes. Nosotros somos diferentes».

Daniel le dijo a sus amigos: «¡Recuerden quiénes somos! Nosotros somos diferentes a los babilonios. ¡Tenemos que recordar lo que nuestros padres nos enseñaron!»

Daniel y sus amigos estaban tratando de seguir las reglas de Dios para su pueblo. Nombra una cosa que tus padres te han enseñado a TI.

Daniel
y los leones

Daniel 5—6

Unos años después, Nabucodonosor se murió. ¡Cuando su hijo, el nuevo rey, hizo una fiesta, una mano extraña apareció!

La mano extraña escribió algo en la pared. Nadie sabía lo que decía. El rey mandó a buscar a Daniel para que le preguntara a Dios qué significaba.

Daniel dijo que era un mensaje de Dios. Dios no estaba contento con el nuevo rey, quien adoraba el oro y la plata más que a Dios. Las palabras decían que Dios había juzgado al reino y al rey. El rey recompensó a Daniel, pero esto no cambió la voluntad de Dios. ¡El rey murió esa misma noche!

El próximo rey, Darío, amaba a Daniel. Pero los enemigos de Daniel engañaron al rey y lo mandaron a arrestar.

El pobre Daniel en este tiempo ya era un anciano. Y aquí estaba prisionero de nuevo.

«Tienes que castigarlo por
orarle a su Dios» le dijeron
los enemigos al rey.

¡Los guardias echaron a Daniel en un foso con leones! Pero Dios mandó un ángel para que cerrara la boca de los leones. Se quedó allí toda la noche.

¡RROOAAARRR!
¡Oye, no puedo abrir mi boca!
¡MMMMHHMMM!

Por la mañana Daniel no tenía ni un arañazo. «Dios me ha guardado», le dijo él al rey.

¿Por qué era diferente Daniel?¿Qué hacia él todos los días sin importarle que lo echaran con los leones? ¡Daniel hablaba con Dios! ¿Hablaste TÚ con Dios hoy?

Ester, la hermosa

Ester 1

Había una vez un rey que buscaba por todas partes una reina.

El rey mandaba que le trajeran al palacio las mujeres más bonitas. Allí esperaron un año para ver a quién escogerían. Comían las mejores comidas, lucían el maquillaje más bonito y los mejores perfumes y le daban los mejores masajes.

Hazle un masaje en los hombros a la persona que te está leyendo. ¡Ahora es tu turno!

Una de las mujeres se llamaba Ester. Ella era muy especial, y no solo porque era hermosa. Ester era especial porque ella tenía un secreto especial. El secreto de Ester era que ella era judía, una de las personas escogidas de Dios.

¿Cuál era tu más divertido y favorito secreto? ¡Vamos, me lo puedes decir a mí!

Cuando fue el turno de Ester de conocer al rey, ¡no había competencia! Él la escogió a ella y ella se volvió la reina Ester.

¿Qué tú crees que era lo más lindo en Ester? ¿Qué crees que Dios vio en Ester que era hermoso?

La reina Ester salva a su pueblo

Ester 2—7

El rey amaba a Ester, pero no sabía que ella era judía. Cuando una terrible ley nueva ordenó que se mataran a todos los judíos, Ester le oró a Dios, y después fue al rey.

Ester sabía que el rey la podía mandar a matar por ir a verlo sin ser invitada. ¿Se molestaría el rey?

El rey sonrió cuando vio a Ester.
«Claro que te veré, Ester. ¿Qué
deseas de mí?» Ester confiaba en
Dios. Invitó al rey a cenar, y después,
¡le contó todo al rey!

*Si tu fueras el rey o la reina,
¿qué pedirías para comer todos
los días?*

El rey ayudó a Ester. Después, él celebró y dio regalos a los pobres. Entonces hizo una gran fiesta y la llamó los días de Purim, y fue cuando Dios usó a la valiente, y hermosa Ester para salvar al pueblo judío.

Los días de Purim se festejan hasta este día, todo gracias a la valiente Ester, quien confió en Dios para salvar a su gente.

EL NUEVO
TESTAMENTO

María
y José

Lucas 1; Mateo 1

La historia de la Navidad comienza con una joven mujer llamada María que se levantó a causa de una luz fuerte. Un ángel le dijo: «María, tú eres muy especial. Dios te ha escogido a ti para que seas la madre de Jesús, el Hijo de Dios».

Cierra tus ojos. Aguanta la respiración. Imagínate a un ángel parado al lado de tu cama. ¿Qué le dirías?

María se iba a casar con José. Cuando ella le contó acerca de su bebé, él movió la cabeza. «No entiendo».

¿Qué harías tú si no entendieras algo? ¿A quién pudieras buscar para que te ayude?

Dios le mandó un ángel a José en
un sueño. El ángel dijo: «No
tengas miedo de casarte con María.
Ella te está diciendo la verdad
acerca del bebé. Lo llamarán
Jesús».

De eso se trata la Navidad.
Del bebé Jesús.

Cuando Jesús ya estaba casi listo para nacer, María y José tuvieron que hacer un viaje largo. María iba en burro por todo el camino desde Nazaret hasta Belén.

Jesús estaba creciendo en la panza de María. ¿Conoces a alguien que va a tener un bebé? Puedes orar por ese bebé ahora.

Cuando María y José llegaron a
Belén, ¡no había lugar en donde
se podían quedar! La ciudad
estaba llena de gente. En todos
los lugares que iban oían lo
mismo.

¡No! ¡No! ¡No! «¡No hay lugar para ustedes aquí!»

¿Dónde nacería Jesús? ¿Qué dijo la vaca? ¿Y el chivo?

La primera Navidad

Mateo 1—2; Lucas 2

La noche que Jesús nació, los pastores que
estaban cerca vieron ángeles cantando en el
cielo. «¡Gloria a Dios! ¡Ha nacido un Salvador!»

Los pastores dijeron: «¡Mira!»

Esa noche los pastores corrieron
hacia una cueva: «¡Mira!»

Dentro, encontraron un establo, dos
personas y al pequeño bebé Jesús, recién
nacido.

María y José llevaron al bebé Jesús al templo. Un hombre anciano llamado Simeón bendijo a Jesús. Él dijo: «Ahora he visto la Luz que salva a la gente». Una mujer anciana llamada Ana dijo: «Sí, él es el Salvador».

¿Cuáles son los otros dos nombres que le dicen aquí a Jesús?

Tres reyes que vivían lejos de Belén vieron una estrella gigante. Montaron sus camellos un largo camino para ver qué significaba la brillante estrella. Llamaron al bebé Jesús el Rey de los judíos.

Acuéstate debajo de un arbolito y aprieta los ojos, entonces tal vez las luces parecerán estrellas.

¿Eran más importante los regalos que el bebé?

Estos tres reyes le trajeron a Jesús regalos fantásticos dignos de un rey. Le dieron a Jesús oro.

Y le dieron a Jesús un perfume
llamado mirra, e incienso, que huele
muy rico cuando se quema.

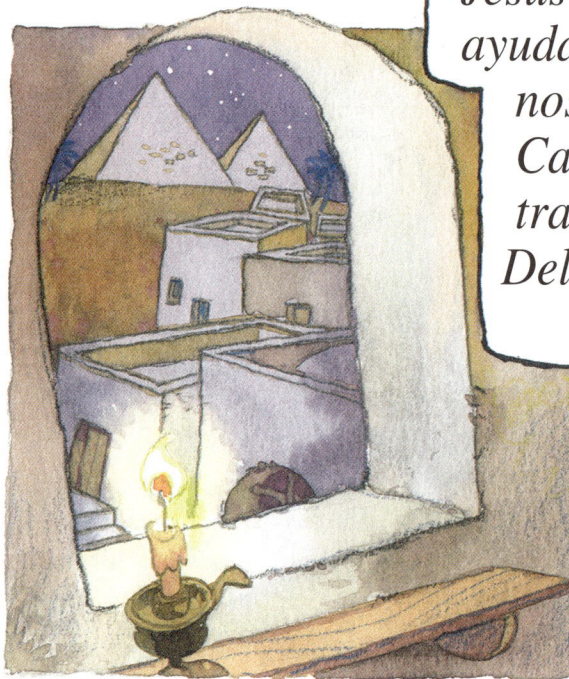

Jesús es la Luz que nos ayuda a ver, la Luz que nos enseña el Camino. De ESO trata la Navidad. Del bebé Jesús.

Jesús es llamado Luz del mundo. En esta primera Navidad, Jesús fue el regalo de Navidad de Dios para nosotros.

Los milagros de Jesús

Mateo 9; Marcos 2; Lucas 5, 17; Juan 2,11

María una vez le pidió a Jesús que ayudara en una boda cuando el vino se acabó. ¡Así que Jesús convirtió el agua en vino! Un milagro es algo que Dios hace que suceda, aunque la gente no crea que va a suceder.

Una vez, cuando Jesús estaba dentro de una casa enseñando, ¡alguien le abrió un hueco al techo! Cuatro hombres bajaron a un hombre que no podía caminar. Jesús lo mejoró...

Estírate hacía arriba y trata de tocar el techo. ¿Necesitas ayuda?

Una vez, había diez hombres que estaban muy enfermos. «¡Por favor, ayúdanos!», le rogaron a Jesús. Y Jesús lo hizo. Él los sanó.

Una día, una mujer enferma sacó la mano en un grupo de personas y tocó la ropa de Jesús. Él sintió su toque y dijo: «Tu fe te ha sanado». ¡Y fue sanada!

María, Marta y su hermano Lázaro eran buenos amigos de Jesús. Una vez, cuando Jesús estaba lejos, Lázaro se enfermó y murió. ¡Pero Jesús regresó e hizo que Lázaro volviera a vivir!

¿Qué es un milagro? ¡TÚ eres un milagro! ¡Jesús te hizo y ese es el milagro más especial de todos!

369

Símón Pedro, la roca

Mateo 4, 5—10, 12, 14—16, 19—20;
Marcos 1, 3, 6, 8, 10;
Lucas 4—9, 11, 18;
Juan 1, 3—4, 6, 9;
Hechos 8—12, 15;
Gálatas 2;
1 y 2 Pedro

¿Qué es lo que un pescador pesca?

Una vez había un hombre llamado Simón. Un día, Simón estaba pescando con su hermano. Jesús salió en otro barco y dijo: «Ven, sígueme». Jesús escogió a Simón y a once hombres más para que fuesen sus seguidores más cercanos, o sus apóstoles.

373

Simón y los otros apóstoles seguían
a Jesús de pueblo en pueblo,
escuchando y aprendiendo.

Jesús enseñó: El amor es el mandamiento más importante.

La multitud crecía y crecía…
mientras Jesús enseñaba.
«Síganme», le decía a la gente.

Juego seguir-al-líder. Marcha alrededor del cuarto, después date vuelta. ¿Ahora quién está siguiendo a quién?

Simón veía cómo Jesús
ayudaba a los ciegos a ver y a
los que no podía caminar a
caminar. Simón no podía
creer lo que sus ojos veían.

Trata de dar con cuidado cinco pasos con los ojos cerrados. Ahora ábrelos bien grande. ¿Qué ves?

Simón siguió a Jesús por más de dos años. Mientras más escuchaba a Jesús y conocía su corazón, más lo amaba. Un día, Jesús le dijo: «Tu nombre es Simón, pero de ahora en adelante serás llamado Pedro».

Jesús dijo: «Algún día guiarás a la gente a que me sigua. Ellos son mi iglesia. Tu serás la roca o fundamento sobre la cual la iglesia será construida». Pedro significa *Roca*.

Pedro siguió a Jesús, y pasó el resto de su vida ayudando a otros a seguir a Jesús. Él guío a los cristianos con valentía. Pedro se volvió un verdadero pescador de hombres.

¿Qué es lo que pesca un pescador de hombres?

Las historias de Jesús

Mateo 5—7, 13, 18, 20—22, 25; Marcos 4, 12;
Lucas 6—8, 10—16, 18—20; Juan 10, 15

Jesús enseñaba acerca del amor de Dios diciendo historias. Estas son solo unas cuantas de las historias favoritas de Jesús.

Jesús dijo que no nos preocupemos por la comida ni por la ropa. Dios sabe lo que las personas necesitan. También le dijo a sus seguidores que eran más valiosos que las flores que crecen y los pájaros que vuelan. Y aun así Dios cuida bien a las flores y los pájaros también.

¿De qué color eran las flores y los pájaros que vistes hoy?

En otra historia, Jesús dijo que el reino de Dios era como un campo de trigo. El enemigo del sembrador había sembrado cizaña dentro del trigo. Jesús dijo también que las plantas buenas y las malas podían crecer juntas. Aquellos que creen en él, que son las plantas buenas, serían separadas y crecerían aun más fuerte.

Jesús estaba comparando al campo de trigo con el mundo. ¿Alguna vez haz sembrado algo y los haz visto crecer?

389

Jesús dijo otra historia de un hombre que seguía tocándole la puerta a su vecino porque necesitaba que le diera pan para otro amigo.

> *¿Qué pasa cuando tocas en una puerta? Hazlo ahora. Cuando oras, es como tocar la puerta del cielo. Dios siempre oye tus oraciones, no importa cuán bajito las hagas.*

Jesús contó una historia de un muchacho joven que quería más y más cosas. Quería más dinero, más cosas, más amigos y quería viajar más. Así que se fue de su casa. Este fue un día triste para su padre.

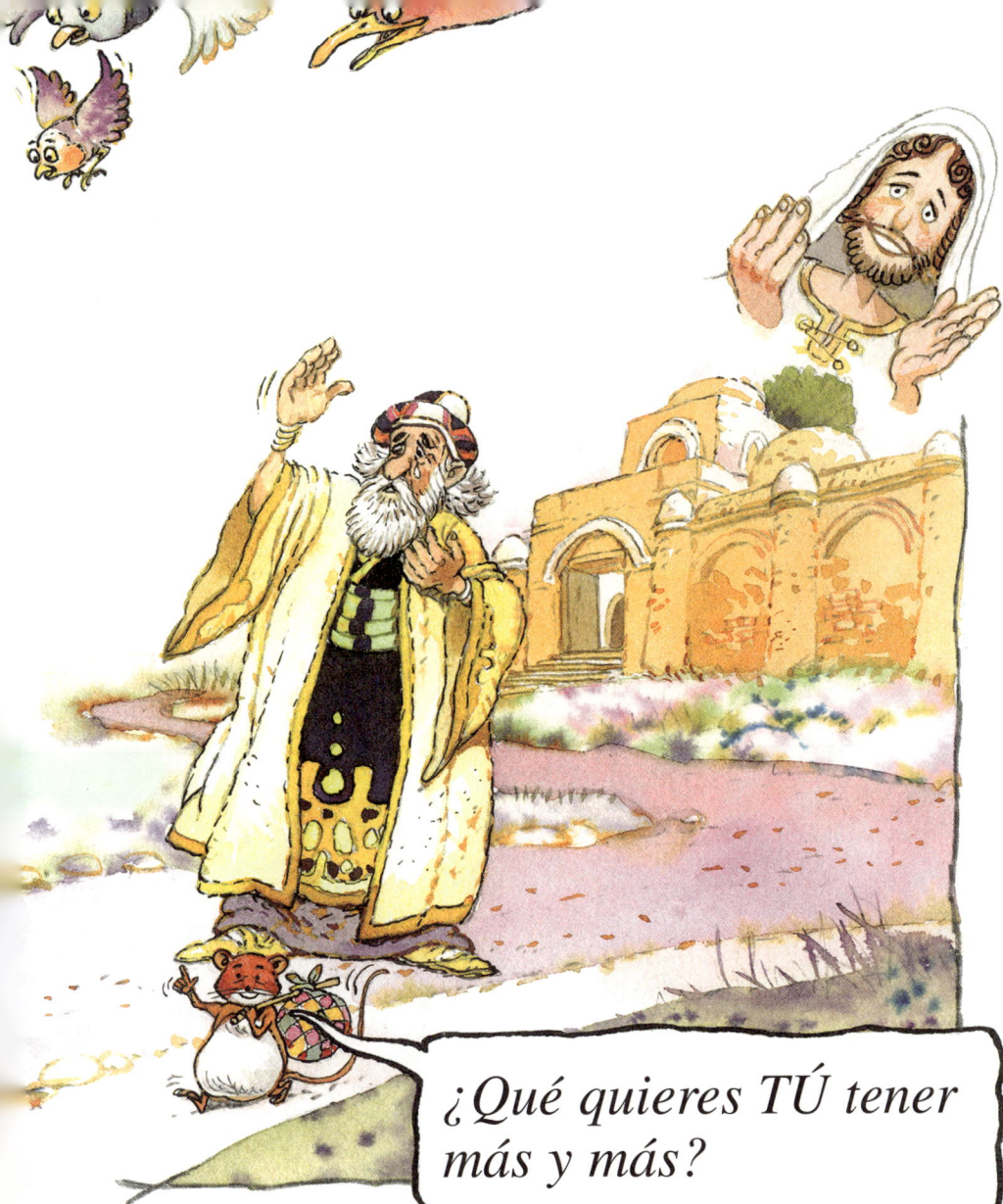

¿Qué quieres TÚ tener más y más?

Pronto el muchacho joven se quedó sin dinero, así que empezó a trabajar dándole de comer a los cerdos. Pero los cerdos estaban recibiendo más comida que él, entonces regresó a su casa. Allí su padre lo recibió con los brazos abiertos.

Nada es más importante que el amor de Dios. ¿Puedes abrazar a alguien a quien tú amas?

Los niños y Jesús

Mateo 14, 19; Marcos 6, 10;
Lucas 9, 18; Juan 6

Los amigos de Jesús una vez le dijeron a unos niños: «Váyanse. ¡Dejen tranquilo a Jesús!» Pero Jesús les dijo: «¡No! Dejen que los niños vengan a mí».

A Jesús le gustaba enseñarle a los niños de todas las edades. Una vez, después de un largo día, los amigos de Jesús dijeron: «Manda a toda la gente para sus casas. Tienen mucha hambre». Pero Jesús dijo que quería enseñarles más.

Jesús preguntó: «¿Quién tiene comida?»
Un niño salió al frente. «Yo tengo un
poco de pescado y pan, Señor. Quiero
compartir, pero no es mucho».

Toda la gente se quedó quieta.
Jesús miró para arriba. Él le
habló al Padre y le dio gracias
por la comida. Entonces Jesús
bendijo la comida y la partió en
muchos pedazos.

¡Sorpresa! ¡Había más pan y más pescado, más que suficiente para todos! Con la bendición de Jesús un niño pequeño como tú puede hacer una GRAN diferencia.

Jesús en Jerusalén

Mateo 21, 26—27; Marcos 11, 14—15;
Lucas 19, 22—23; Juan 12—13, 18

Cuando Jesús entró en Jerusalén, la gente lo aclamaba en una parada. Movían hojas de palmas de arriba abajo. Mueve tus manos. ¡Viva Jesús!

405

Los líderes del templo no querían a
Jesús. Le pagaron a su apóstol,
Judas, treinta piezas de plata para
ayudarlos a capturar a Jesús.

¿Por qué crees que esta gente no quería a Jesús?

407

408

En Jerusalén, Jesús le dio gracias a Dios por el pan y el vino. Él rompió el pan en pedazos, y pasó el pan y el vino a sus amigos.

Pero Judas llevó a los enemigos de Jesús hasta donde Jesús estaba. ¡Pedro empezó a pelear! Le cortó la oreja a uno de los soldados. Jesús nos enseña a amar a nuestros enemigos. Él levantó la oreja y se la sanó.

Jesús enseñó que no debemos lastimar a las personas, ni siquiera cuando estamos bravos.

Pedro tuvo miedo después que los soldados se llevaron a Jesús. Ellos le preguntaron. «Tú conoces a Jesús, ¿verdad?» Pero él dijo: «¡No!» ¡Tres veces! Después de la tercera vez, él oyó al gallo cantar. Entonces Pedro se acordó... Jesús le había dicho: «tú me negarás tres veces antes que el gallo cante». Pedro estaba muy triste.

¿Cómo cantó el gallo?

413

Los enemigos de Jesús lo llevaron delante de un juez. «¡Mátenlo en la cruz!», gritaban. ¡Que palabras más terribles decían los enemigos de Jesús! ¿Había hecho algo malo Jesús? ¿Se puso bravo con sus enemigos? ¡No!

415

La primera pascua

Mateo 27—28; Marcos 15—6; Lucas 23—24;
Juan14, 19—21; Hechos 1

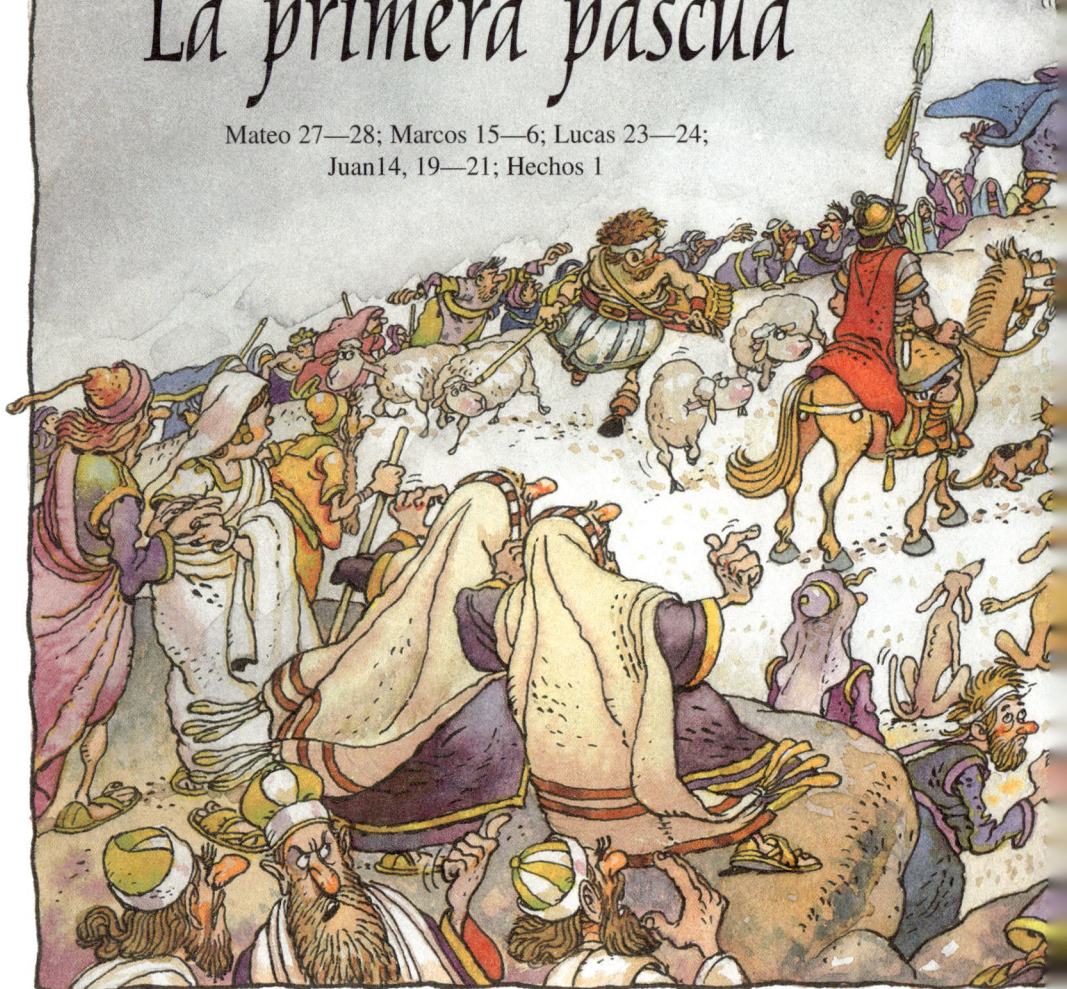

Los enemigos de Jesús lo martillaron sobre una cruz, donde se murió. Sus amigos y su familia estaban llorando… y muy tristes. Los bajaron de la cruz, y lo pusieron con cuidado en una cueva especial, con guardias afuera.

Esta historia nos da una nueva vida a través de Jesús. Cuando Jesús murió, todo parecía oscuro, como lo será dentro de un capullo.

Después de unos cuantos días, los amigos de Jesús regresaron a la cueva. ¡Estaba vacía! «¿Dónde está Jesús?» gritaron. Los guardias no sabían nada.

Mira a ver si puedes encontrar señales del milagro de la nueva vida afuera: una pequeña mata, una flor, el sol de la mañana.

Un ángel dijo: «No tengan miedo. ¿Están buscando a Jesús? ¡Jesús está vivo! ¡Él no está muerto! ¡Alégrense! Entren y miren donde estaba puesto su cuerpo. Ahora, vayan y díganle a todo el mundo que él está vivo». Las mujeres salieron corriendo, casi no podían creer lo que veían….

¡Mira lo que me pasó a mí! ¿Tú crees que haya sido un milagro? ¿En qué fiesta recordamos esta historia?

Después que Jesús resucitó visitó
a sus amigos que estaban
pescando y dijo: «¡Tiren su red de
nuevo!» ¡Entonces pescaron
tantos pescados que la red
casi se rompió!

¡En qué estación se celebra la Pascua? ¡Ni en invierno, ni en otoño ni en verano! ¡PRIMAVERA! La primavera es el tiempo de ovejitas bebés y de mariposas. Es un tiempo de nueva vida. Nosotros tenemos una vida nueva cuando creemos en Jesús y lo seguimos a él.

Jesús pasó cuarenta días visitando y enseñándole a sus amigos. Una vez dijo: «En el cielo hay muchas habitaciones. Las prepararé para ustedes». Entonces Jesús se fue al cielo.

¿Cuántas habitaciones tiene tu casa? ¿Cuántas señales de nueva vida puedes nombrar? Ahora dale gracias a Dios por cada una de ellas.

427

El cambio de Pablo

Hechos 7—9, 11, 13—28; Epístolas de Pablo

No mires ahora, pero este es Saulo.

Saulo lastimaba a los amigos de Jesús hasta que una luz brillante lo dejó ciego.

Saulo oyó la voz de Jesús decir: «Cuando lastimas a mis seguidores, me lastimas a mí». Entonces Dios ayudó a Saulo a ver que Jesús es el Hijo de Dios.

Cuando Jesús ayudó a Saulo a ver de nuevo,
él le dio un nombre nuevo a Saulo. Desde
ese momento él se llamó Pablo. Después que
cambió su corazón, Pablo viajó lejos,
diciéndole a todos los que conocía del amor
de Jesús.

Grecia y Turquía son dos de los países que Pablo visitó. ¿los puedes encontrar en un mapa?

Mientras más le hablaba Pablo a la gente de Jesús, más rápido los enemigos de Jesús lo arrestaban y lo lastimaban.

Durante sus muchos años en la cárcel, Pablo escribió varias cartas a sus amigos. Él enseñaba de Jesús y del amor de Dios.

¿*Tu familia escribe cartas?*

Dios promete un mundo nuevo

Mateo 4, 10; Marcos 1, 3; Lucas 5—6; Juan 1;
Apocalipsis 1, 3, 17—22

Juan era un seguidor de Jesús.

Cuando Juan era un anciano tuvo una visión que era un mensaje especial de Dios. Él escribió las palabras de Jesús: «Yo estoy aquí para cualquiera que me pida que entre a su vida. Yo estoy a la puerta, toco y espero que oigan mi voz y abran la puerta».

Ve a la puerta, ciérrala, entonces pídele a la persona que te está leyendo el libro que toque. Abrir la puerta y dejarlos entrar es como pedirle a Jesús que entre en tu corazón.

En la visión de Juan, él oyó música y vio una gran multitud que eran los seguidores de Jesús de todos los tiempos y países. ¡Nadie podía contar toda la gente!

Trata de contar a todas las personas que están en este dibujo. ¿Me puedes encontrar? Soy la pequeña ovejita.

441

La visión de Juan del cielo nos muestra como será el reino de Dios. No habrá más personas malas ni más tristeza.

Nombra tres maneras de las que tú crees que va a ser el cielo.

En la visión de Juan, él vio que aquellos que habían escogido seguir a Jesús estaban allí con Dios. Él dijo que el cielo era un lugar de luz y felicidad.

444

Juan escribió a menudo acerca de la luz, de vivir en la luz, y del reino de Dios como un lugar de luz. Prende la luz y apágala ahora. ¿Quién es la Luz el mundo?

445

Juan escribió
que Jesús dijo: «¡Escuchen! Yo
vengo pronto. Yo estuve en el
principio de todas las cosas, y
estaré allí en el final».

*En el principio había oscuridad.
En el final con Jesús, hay luz.
Ora ahora con la persona que te
está leyendo las últimas palabras
que Juan escribió:
«¡Ven, Señor Jesús!»*

Acerca del ilustrador:

José Pérez Montero es ilustrador, pintor y ganador de premios. Ha ilustrado más de setenta libros de niños. Empezó a vender sus pinturas a la edad de trece años, y estudió en las escuelas de Bellas Artes San Fernando y Círculo, en Madrid. Sus pinturas de paisajes y retratos han sido exhibidas en numerosas exhibiciones por toda España. Durante los últimos treinta años él ha dibujado ilustraciones para revistas de caricaturas, publicidades y libros de estudio, pero es más reconocido por sus ilustraciones de libros de niños que han sido publicadas en más de cuarenta países. Su trabajo fue escogido para exhibición en la Sociedad de Ilustradores «Illustrator 38» [Ilustrador 38] exhibición 1993-1998. Él reside en España con su esposa, dos hijos y nietos.

Acerca de la autora:

Anne de Graaf ha escrito más de ocho libros de los que se han vendido más de cuatro millones de copias en todo el mundo y han sido traducidos en más de cuarenta idiomas. En su más reciente libro de su serie de novelas para adultos *Hidden Harvest* [Cosecha Escondida], *Out of the Red Shadow* [Fuera de la sombra roja], ganó el premio Christy en el 2004 en la categoría de ficción histórica internacional. En este momento está escribiendo una serie de novelas acerca de una mujer de negocios y niños en lugares de conflicto. *Las Voces de los Niños*. Anne de Graaf también ha trabajado como periodista para la agencia de prensa nacional holandesa, y como traductora de economía para el gobierno holandés. Nació en San Francisco y se graduó de la Universidad de Stanford. Ha vivido los últimos veinte años en Irlanda y en los Países Bajos con su esposo y sus dos hijos. Durante la feria de libreros del 1999 de Frankfurt, a José Pérez Montero y Anne de Graaf les fue dado el premio de literatura cristiana del este de Europa.

448